Impressum © 2024 Caleb S. Sage

Alle Rechte vorbehalten

Kein Teil dieses Buches darf ohne ausdrückliche schriftliche Genehmigung des Herausgebers reproduziert oder in einem Abrufsystem gespeichert oder in irgendeiner Form oder auf irgendeine Weise elektronisch, mechanisch, fotokopiert, aufgezeichnet oder auf andere Weise übertragen werden.

INHALT

Impressum

Einführung   2

Kapitel 1: Unendliches Gedächtnis: Der Wert der Erfahrung   7

Kapitel 2: Macht und Freundlichkeit: Das Paradox der Macht   13

Kapitel 3: Stille Kommunikation: Der Wert des Zuhörens   19

Kapitel 4: Der Stamm ist wichtig: Die Macht der Gemeinschaft   26

Kapitel 5: Der langsame Weg: Der Wert der Geduld   34

Kapitel 6: Widerstandsfähigkeit im Unglück: Stürme überwinden   42

Kapitel 7: Verbundenheit mit der Erde: Leben in Harmonie mit der Umwelt   50

Kapitel 8: Das Vermächtnis der Weisheit: Was wir der Zukunft hinterlassen   58

Schlussfolgerung: Wandern mit Elefanten 66

Das Gewicht der Weisheit: Lektionen aus dem Leben mit dem Elefanten

Autor: Caleb S. Sage

EINFÜHRUNG

Der Ruf des Elefanten

Stellen Sie sich ein Wesen vor, dessen Präsenz Macht ausstrahlt, dessen Herz aber im Einklang mit Güte schwingt. Ein Riese, der still auf der Erde wandelt und tiefe Spuren in der Erde und in der Geschichte der Menschheit hinterlässt. Das ist der Elefant. Im Laufe der Jahrhunderte haben Elefanten in verschiedenen Kulturen der Welt Weisheit, Gedächtnis und Stärke symbolisiert. Sie sind mehr als nur majestätische Tiere, sie sind wahre Meister des Lebens, die uns tiefgreifende Lektionen darüber erteilen können, wie man zielgerichtet, mitfühlend und ausgeglichen lebt.

Elefanten üben einen besonderen Zauber aus, der über die Wissenschaft hinausgeht. Obwohl wir ihr Verhalten und ihre Anatomie studieren können, liegt etwas Unbeschreibliches in ihrem Wesen, das uns einlädt, über uns selbst nachzudenken. *Was können wir von einem Wesen lernen, das nie vergisst, das Widrigkeiten mit Widerstandsfähigkeit begegnet und das trotz seiner Größe mit einer fast mütterlichen Fürsorge für seine Gruppe handelt?*

In dieser Einführung möchte ich Sie auf eine erste Begegnung mit Elefanten als Meister des Lebens mitnehmen. Wir erforschen ihre Symbolik, ihre Beziehung zur natürlichen Welt und warum ihre Lehren für unser modernes Leben wichtiger denn je sind.

Elefanten als universelle Symbole

Seit Menschengedenken werden Elefanten in verschiedenen Kulturen verehrt. In der hinduistischen Mythologie zum Beispiel ist Ganesha, der elefantenköpfige Gott, der Beseitiger von Hindernissen und der Schutzpatron der Weisheit. In Afrika gelten Elefanten als Hüter des Wissens der Vorfahren und der Verbindung mit der Erde. Unabhängig vom Kontext *erscheint der Elefant immer als ein Symbol für Stabilität, Weisheit und tiefe Verbundenheit.*

Aber warum flößen diese Giganten so viel Respekt ein? Vielleicht liegt es daran, dass sie die perfekte Kombination aus Stärke und Gelassenheit sind. In einer Welt, in der Macht oft mit Dominanz assoziiert wird, zeigen uns Elefanten, dass wahre Stärke aus der Fähigkeit entsteht, zu schützen und zu pflegen. *Stark zu sein bedeutet nicht, zerstörerisch zu sein; es bedeutet, fest, aber auch sanft zu sein.*

Einzigartige und faszinierende Eigenschaften

Elefanten sind nicht nur groß, sie sind auch Giganten in Sachen emotionaler Komplexität. Studien zeigen, dass sie ein beeindruckendes Gedächtnis haben und sich über Jahrzehnte hinweg an Orte, Gesichter und sogar traumatische Ereignisse erinnern können. Dies führt uns zu einer ersten Überlegung: *Wie gehen wir mit den Erinnerungen um, die wir in uns tragen? Lernen wir aus ihnen oder lassen wir zu, dass sie uns überwältigen?*

Außerdem zeigen Elefanten Emotionen, die den unseren ähnlich sind. Sie weinen, feiern, kümmern sich um ihre Toten und haben Mitgefühl mit Angehörigen anderer Arten. In einer Welt, in der Empathie immer seltener zu werden scheint, sind Elefanten eine eindringliche Erinnerung daran, dass *wahre menschliche Verbundenheit mit der Fähigkeit beginnt, für andere zu fühlen.*

Ein weiteres faszinierendes Merkmal ist ihre Kommunikation. Elefanten verwenden niederfrequente Töne, die für menschliche Ohren nicht wahrnehmbar sind, um über große Entfernungen miteinander zu kommunizieren. Das lehrt uns etwas Tiefgründiges: *Nicht jede Kommunikation muss laut sein, um Wirkung zu zeigen.* Oft ist es das, was wir in der Stille tun, das am lautesten spricht.

Die kulturelle und ökologische Bedeutung der Elefanten

Elefanten leben nicht nur für sich selbst. Ihre Anwesenheit prägt das Ökosystem um sie herum. Sie fällen Bäume und schaffen damit Lichtungen, die anderen Arten zugute kommen, und sie tragen Samen über Kilometer hinweg und tragen so zur Regeneration der Wälder bei. In diesem Sinne *sind sie die Ingenieure der Natur, die instinktiv auf das Gleichgewicht der Umwelt achten.*

Auch in kultureller Hinsicht spielen sie eine entscheidende Rolle. Für viele Gemeinschaften sind Elefanten Symbole für Kontinuität und Zugehörigkeit. Sie stehen für die Verbindung zwischen der Vergangenheit, der Gegenwart und der Zukunft. So lernen wir von ihnen, dass *es bei einem Leben in Harmonie nicht nur darum geht, was wir für uns selbst tun, sondern auch darum, was wir anderen hinterlassen.*

Warum brauchen wir heute die Weisheit des Elefanten?

Wir leben in einem Zeitalter der Geschwindigkeit, des Individualismus und der Ablenkung. Wir rennen ständig herum und versuchen, mehr zu erreichen, mehr zu sein, mehr zu tun. Aber zu welchem Preis? Elefanten laden uns ein, langsamer zu werden und bewusster zu leben. Sie zeigen uns, dass *Geduld, Gedächtnis und Verbundenheit keine Schwächen sind, sondern Stärken.*

Darüber hinaus ist ihre Unverwüstlichkeit im Angesicht von Widrigkeiten eine Quelle der

Inspiration. Trotz ständiger Bedrohungen wie der Jagd und dem Verlust ihres Lebensraums kämpfen die Elefanten weiterhin gemeinsam ums Überleben. *Sie erinnern uns daran, dass wir selbst im Angesicht der größten Schwierigkeiten in der Gemeinschaft und in der Zielstrebigkeit Stärke finden können.*

Der Aufruf, von Elefanten zu lernen

In diesem Buch lade ich Sie ein, sich auf eine Reise mit diesen großartigen Meistern zu begeben. Lassen Sie uns erkunden, wie ihre Weisheit die Art und Weise, wie wir leben, arbeiten, lieben und füreinander sorgen, verändern kann. Jedes Kapitel enthält theoretische und praktische Überlegungen, so dass wir Elefanten nicht nur bewundern, sondern auch ganz konkret von ihnen lernen können.

Machen Sie sich bereit zu entdecken, wie Sie angesichts von Herausforderungen widerstandsfähiger werden, wie Sie tiefere Beziehungen kultivieren, wie Sie in einer schnelllebigen Welt entschleunigen und wie Sie in jedem Schritt Ihrer Reise einen Sinn finden können. *Der Elefant ist mehr als ein Tier; er ist ein Spiegel dessen, was wir sein können, wenn wir in Harmonie mit uns selbst und der Welt leben.*

Der Ruf des Elefanten ist da. Sind Sie bereit, ihn zu hören?

KAPITEL 1: UNENDLICHES GEDÄCHTNIS: DER WERT DER ERFAHRUNG

"Die Erinnerung ist der fruchtbare Boden, auf dem die Weisheit gedeiht; ohne sie verliert die Gegenwart ihre Tiefe und die Zukunft ihre Richtung."

Haben Sie sich jemals gefragt, warum sich manche Lektionen im Leben zu wiederholen scheinen, bis wir endlich lernen, was wir brauchen? Elefanten mit ihrem legendären Gedächtnis können uns eine Menge darüber lehren. Sie erinnern sich nicht nur an Gesichter oder Orte; sie tragen ein lebendiges Archiv von Erfahrungen mit sich, die ihre Entscheidungen prägen, ihr Überleben sichern und ihre Verbundenheit mit der Gruppe stärken.

Lassen Sie uns gemeinsam erkunden, wie die Kraft

der Erinnerung unser Leben verändern kann. Es geht nicht nur darum, sich zu erinnern, sondern auch darum, zu lernen, zu wachsen und das zu nutzen, was die Vergangenheit uns bietet.

Eine Neugier, die inspiriert

Elefanten sind berühmt für ihr beeindruckendes Gedächtnis. Es gibt Aufzeichnungen über Elefanten, die Jahrzehnte nach traumatischen Ereignissen genau an die Stelle zurückgekehrt sind, an der etwas Bedeutsames passiert ist, z. B. die Wiedervereinigung mit einem Menschen, der sie in einer schwierigen Zeit freundlich behandelt hat. Ein faszinierendes Beispiel ist Eleanor, ein afrikanischer Elefant, der im Jahr 2003 starb. Noch Tage nach ihrem Tod versammelten sich Mitglieder verschiedener Elefantengruppen am Fundort und demonstrierten eine Art "kollektive Trauer" um ihren Körper. *Was bringt ein Tier dazu, sich an ein anderes Tier zu erinnern, es zu schätzen und sogar zu ehren, auch wenn es nicht zu seiner unmittelbaren Familie gehört?*

Dieses Verhalten erinnert uns an etwas sehr Wichtiges: *Unsere Erinnerungen verbinden uns mit dem, was wir sind und was wir schätzen.* Sie definieren uns nicht nur, sondern prägen auch, wie wir auf die Welt reagieren.

Durch Erinnerung angesammelte Weisheit

Das Gedächtnis der Elefanten ist nicht nur biologisch, sondern auch sozial. Innerhalb einer

Gruppe spielen die Matriarchen eine entscheidende Rolle. Sie sind die "lebenden Bibliotheken", die sich daran erinnern, wo man in Zeiten der Dürre Wasser findet, wie man Raubtiere meidet und sogar welche anderen Elefanten Verbündete oder Bedrohungen sein könnten. Wenn eine Gruppe der Führung einer erfahrenen Matriarchin folgt, verlässt sie sich buchstäblich auf eine über Jahrzehnte aufgebaute Wissensbasis.

Bringen Sie es jetzt in Ihr Leben. Denken Sie an Ihre eigenen Erfahrungen. Wie oft haben Sie die Lehren der Vergangenheit ignoriert und sind infolgedessen in dieselbe Falle getappt? Und wie oft hat eine gut gelernte Lektion die Art und Weise, wie Sie mit einer Herausforderung umgehen, völlig verändert? *Wie Elefanten werden wir durch unsere Geschichten geformt.*

Eine Metapher für das alltägliche Leben

Stellen Sie sich Ihr Gedächtnis als eine Truhe voller Werkzeuge vor. Einige sind glänzend und einsatzbereit, andere sind rostig und liegen vergessen auf dem Boden. Jedes Werkzeug steht für eine gelebte Erfahrung - manche schmerzhaft, manche wunderbar, aber alle mit einem Zweck. Wenn Sie lernen, diese Truhe zu öffnen und das richtige Werkzeug auszuwählen, beginnen Sie, mit mehr Absicht zu leben.

Elefanten tragen die Vergangenheit nicht wie eine

Last mit sich herum. Sie benutzen sie als Kompass. *Was wäre, wenn Sie dasselbe tun könnten? Wenn Sie Ihre Erfahrungen in Karten verwandeln könnten, die Ihnen bei Ihren Entscheidungen helfen, statt in Anker, die Sie an die Vergangenheit binden?*

Praktische Übung: Die eigene Weisheit wiederherstellen

Hier ist eine einfache, aber wirkungsvolle Methode, die Ihnen hilft, Ihre Lebenserfahrungen zu planen und zu nutzen:

Schritt 1: Lassen Sie Ihre schönsten Erinnerungen Revue passieren.

Nehmen Sie sich einen ruhigen Moment und listen Sie fünf prägende Ereignisse in Ihrem Leben auf. Das können Siege, Herausforderungen oder auch scheinbar gewöhnliche Momente sein, die einen bleibenden Eindruck hinterlassen haben.

Schritt 2: Ermitteln Sie den Lernprozess.

Fragen Sie sich bei jedem Ereignis: *Was habe ich daraus gelernt? Wie hat diese Erfahrung die Person geformt, die ich heute bin?* Schreiben Sie die Antworten auf, ohne zu urteilen.

Schritt 3: Verwandeln Sie Erinnerungen in Handlungen.

Wählen Sie eine dieser Lektionen aus und überlegen Sie, wie Sie sie auf eine aktuelle Herausforderung anwenden können. Wenn Sie zum Beispiel in einer schwierigen Zeit gelernt haben, wie wichtig Geduld ist, wie können Sie diese Tugend heute nutzen, um eine Situation zu meistern?

Schritt 4: Erstellen Sie Ihren "Weisheitsführer".
Stellen Sie diese Lektionen in einem Notizbuch oder Dokument zusammen. Betrachten Sie es als den Anfang eines persönlichen "Lebenshandbuchs", das Sie immer dann zu Rate ziehen können, wenn Sie Klarheit oder Orientierung brauchen.

Die Schönheit des Lernens aus der Vergangenheit

Wir haben oft Angst, unsere Erinnerungen wieder aufleben zu lassen, weil sie uns schmerzen können. Aber so wie Elefanten dem Verlust mit einer Mischung aus Traurigkeit und Ehrfurcht begegnen, können wir die Vergangenheit als eine Quelle der Kraft betrachten. *Jede Erinnerung, ob gut oder schlecht, trägt einen Samen der Weisheit in sich, der nur kultiviert werden muss.*

Stellen Sie sich zum Beispiel vor, dass Sie bei der Arbeit einen Misserfolg hatten, der Sie an Ihren Fähigkeiten zweifeln ließ. Anstatt den Schmerz noch einmal zu erleben, fragen Sie sich: *Was kann ich jetzt anders machen? Welche Fähigkeiten habe ich seither entwickelt?* Diese einfache Übung verwandelt eine bittere Erinnerung in wertvolles Lernen.

Abschluss mit Inspiration

Denken Sie daran: Ihr Gedächtnis ist ein Geschenk, keine Last. Es ist eine Brücke, die Sie mit dem verbindet, was Sie waren und was Sie sein können.

So wie Elefanten sich auf ihre gesammelte Weisheit verlassen, um Herausforderungen zu meistern und das Leben zu feiern, können auch Sie Ihre Erfahrungen nutzen, um Ihr Leben reicher und sinnvoller zu gestalten.

Was auch immer Sie gerade durchmachen, seien Sie sich bewusst, dass in Ihrem Inneren bereits Werkzeuge - Erinnerungen, Lektionen und Erfahrungen - bereitstehen, die Ihnen helfen, weiterzukommen. Wie Elefanten tragen Sie ein *unendliches Gedächtnis* in sich, und das ist der Schlüssel, um das Beste in Ihnen freizulegen, das Sie sind.

Jetzt sind Sie dran: Schauen Sie in Ihre Werkzeugkiste, wählen Sie eine Lektion aus und nutzen Sie sie. *Die Weisheit liegt in Ihren Händen, Sie müssen nur noch handeln.*

KAPITEL 2: MACHT UND FREUNDLICHKEIT: DAS PARADOX DER MACHT

"Manchmal liegt die wahre Stärke nicht darin, Stärke zu zeigen, sondern darin, Freundlichkeit zu wählen, wenn es einfacher wäre, hart zu sein."

Stellen Sie sich einen Elefanten vor: ein majestätisches Geschöpf von unübertroffener Kraft, das mit seinem Rüssel Bäume entwurzeln kann, das aber dennoch lautlos durch die Savanne läuft, ohne sich aufzudrängen. Dieses Beispiel verdeutlicht eines der tiefsten Paradoxe des Lebens: die Verbindung von Stärke und Güte.

Warum ist das so wichtig? Weil wir oft glauben, stark zu sein bedeute, rücksichtslos zu sein, während Freundlichkeit fälschlicherweise als

Schwäche angesehen wird. Wahre Stärke wird jedoch durch Einfühlungsvermögen gemildert. Wenn es uns gelingt, diese beiden Eigenschaften in Einklang zu bringen, werden wir stärker und gleichzeitig menschlicher.

Der Elefant und das Paradoxon

Elefanten sind die größten Landsäugetiere der Erde, und ihre Kraft ist legendär. Ein erwachsenes Männchen kann bis zu 6 Tonnen wiegen und das Gewicht eines Kleinwagens tragen. Die Gesellschaft der Elefanten ist jedoch eine der kooperativsten und einfühlsamsten im gesamten Tierreich. Sie kümmern sich um die anderen, trauern um den Verlust eines Gruppenmitglieds und zeigen Mitgefühl für andere Arten.

Und hier eine kuriose Tatsache: Wenn Zirkusdompteure einen Elefanten festbinden wollten, banden sie ihn mit einem einfachen Seil an einen Pfahl. Und warum? Von klein auf wurden die Elefanten darauf konditioniert, dass sie sich nicht befreien können. So ist es auch bei uns. Wie oft haben Sie sich schon gefangen gefühlt, weil Sie Ihre Kraft unterschätzt haben?

Denken Sie daran: freundlich zu sich selbst zu sein, ist ein Akt der Stärke. Freundlichkeit bedeutet nicht, Ketten zu akzeptieren, sondern den richtigen Moment zu erkennen, um sie mit Ausgeglichenheit und Weisheit zu durchbrechen.

Stärke und Einfühlungsvermögen im täglichen Leben

In der modernen Welt sind wir ständig gefordert, uns zwischen Durchsetzungsvermögen und Einfühlungsvermögen zu entscheiden. In einem wettbewerbsorientierten Umfeld kann Freundlichkeit wie eine riskante Wahl erscheinen. Studien zeigen jedoch das Gegenteil. Untersuchungen der Harvard Business Review zeigen, dass einfühlsame Führungskräfte als vertrauenswürdiger und effektiver wahrgenommen werden.

Denken Sie an Ihr persönliches oder berufliches Leben. Vielleicht haben Sie schon Situationen erlebt, in denen Sie hart bleiben mussten, aber gemerkt haben, dass ein mitfühlenderer Ton bessere Ergebnisse brachte. Haben Sie zum Beispiel jemals versucht, einen Konflikt in der Familie oder am Arbeitsplatz nicht durch Aufzwingen, sondern durch Dialog zu lösen?

Wenn wir die Stärke unserer Überzeugungen mit der Sanftheit unseres Vorgehens verbinden, schaffen wir Brücken, wo vorher Barrieren waren.

Balance üben: Achtsamkeit in durchsetzungsfähiger Empathie

Die gute Nachricht ist, dass Sie dieses Gleichgewicht zwischen Stärke und Sanftheit praktizieren können. Hier sind einige einfache Übungen, die Sie in Ihr tägliches Leben einbauen können:

1. Atmen Sie, bevor Sie reagieren

Stellen Sie sich vor, jemand kritisiert Sie zu Unrecht. Der unmittelbare Instinkt könnte sein, zurückzuschlagen, richtig? Halten Sie stattdessen inne. Atmen Sie dreimal tief durch. Dieses Innehalten aktiviert den präfrontalen Kortex des Gehirns, der für rationales Denken zuständig ist, anstatt einer impulsiven Reaktion die Oberhand zu geben.

Praktische Übung: Wenn Sie das nächste Mal wütend oder frustriert sind, fragen Sie sich: "Wie kann ich darauf so reagieren, dass das Problem gelöst wird, ohne die Beziehung zu gefährden?"

2. Aktives Zuhören kultivieren

Zuhören ist ein Akt der Freundlichkeit, der emotionale Stärke erfordert. Wenn Sie jemandem aufrichtig zuhören, ohne Ihre Antwort zu planen, während er spricht, zeigen Sie Respekt und schaffen eine Verbindung.

Praktische Übung: Versuchen Sie während eines Gesprächs zu wiederholen, was die andere Person gesagt hat, bevor Sie Ihre Meinung äußern. Das zeigt nicht nur, dass Sie verstanden haben, sondern ermöglicht es Ihnen auch, eine überlegte Antwort zu formulieren.

3. Grenzen setzen in Bezug auf

Freundlich zu sein bedeutet nicht, nachgiebig zu

sein. Entschlossen, aber ohne Aggression "Nein" zu sagen, ist eine der größten Taten des Gleichgewichts.

Praktische Übung: Verwenden Sie Formulierungen wie: "Ich verstehe Ihr Bedürfnis, aber ich kann es im Moment nicht erfüllen. Sollen wir gemeinsam eine andere Lösung finden?"

Das Paradox, das verwandelt

Denken Sie daran, dass Stärke und Freundlichkeit keine Gegensätze sind, sondern Verbündete. Denken Sie an einen Fluss. Seine Kraft reicht aus, um Berge zu formen, aber er tut dies sanft und mit der Zeit. Stärke ohne Einfühlungsvermögen ist wie ein zerstörerischer Sturm, während Sanftheit ohne Durchsetzungsvermögen unwirksam sein kann.

Haben Sie schon einmal jemanden erlebt, der mit ein paar freundlichen Worten die Umgebung verändert hat? Vielleicht einen Lehrer, der an Sie geglaubt hat, als es sonst niemand tat, oder einen Freund, der es verstand, Unterstützung mit einem guten Rat zu verbinden. Diese Beispiele zeigen, dass *Freundlichkeit nicht die Abwesenheit von Stärke ist, sondern ihr edelster Ausdruck.*

Du bist stärker, als du denkst

Egal, wo Sie sich gerade in Ihrem Leben befinden, Sie haben die Fähigkeit, herausfordernde Situationen mit der Kraft, die bereits in Ihnen steckt, zu verändern. Freundlichkeit zu praktizieren, macht

Sie nicht schwächer. Im Gegenteil, es offenbart deine wahre Stärke.

Fordern Sie sich selbst heraus, wie der Elefant zu sein: leichtfüßig zu gehen, auch wenn Sie ein großes Gewicht tragen. Erkennen Sie, dass Stärke ohne Einfühlungsvermögen leer ist, und Freundlichkeit ohne Entschlossenheit verloren gehen kann. *Zusammen machen diese Eigenschaften Sie unschlagbar.*

Verlässliche Quellen für Reflexion und Praxis:

1. Goleman, D. *Emotionale Intelligenz* - Eine Analyse von Empathie und Selbstmanagement.
2. Harvard Business Review, "Die Macht der Empathie in der Führung".
3. Siegel, D. *Achtsamkeit: The Power of Being Present* - Praktische Techniken für emotionales Gleichgewicht.

Wie geht es weiter? Wählen Sie eine der vorgeschlagenen Übungen und wenden Sie sie noch heute an. Kleine Veränderungen bewirken große Verwandlungen. Schließlich *sind Sie bereits stark - Sie müssen sich nur daran erinnern.*

KAPITEL 3: STILLE KOMMUNIKATION : DER WERT DES ZUHÖRENS

"Manchmal sagt das, was nicht gesagt wird, mehr als tausend Worte. Zuhören ist mehr als Hören; es geht darum, zu verstehen, was hinter dem Klang liegt."

Haben Sie schon einmal an einem Gespräch teilgenommen, bei dem Sie das Gefühl hatten, dass es auch ohne Worte eine echte Verbindung gab? Vielleicht war es der Blick in den Augen eines Freundes, die Geste eines Familienmitglieds oder sogar das Schweigen, das alles sagte. Die wirkungsvollste Kommunikation ist oft die, die ohne Worte stattfindet.

Elefanten sind Meister in dieser Art der Kommunikation. Sie haben die einzigartige Fähigkeit, durch Schwingungen, Gesten und stilles Verhalten tiefgreifende Informationen zu vermitteln. Wenn wir uns von ihnen inspirieren lassen, lernen wir etwas Wertvolles: Zuhören geht weit über die Ohren hinaus.

Wie Elefanten lautlos kommunizieren

Elefanten sind für ihren "Ultraschall" bekannt - Töne mit so niedrigen Frequenzen, dass wir Menschen sie nicht hören können. Diese Schwingungen breiten sich über den Boden aus und können von anderen Elefanten in kilometerweiter Entfernung wahrgenommen werden. Sie nutzen diese Fähigkeit, um vor Gefahren zu warnen, Mitglieder der Herde zu orten oder sogar große Bewegungen zu organisieren.

Aber das Faszinierendste ist ihre Fähigkeit zuzuhören. Wenn ein Elefant diese Schwingungen "hört", bleibt er regungslos stehen, mit einer erhobenen Pfote, und spürt die Botschaften, die durch den Boden kommen. Es ist, als würden sie alles stehen und liegen lassen, um sich gegenseitig ihre volle Aufmerksamkeit zu schenken.

Was ist mit uns? Halten wir inne und hören genauso aufmerksam zu? Oder sind wir immer abgelenkt und übersehen die stillen Zeichen um uns herum?

Zuhören in der menschlichen Welt

Zuhören ist eine unterschätzte Fähigkeit, vor allem in Zeiten der schnelllebigen Kommunikation. Wann haben Sie das letzte Mal jemandem wirklich zugehört, ohne zu unterbrechen, ohne zu urteilen, ohne über Ihre Antwort nachzudenken, während die andere Person sprach?

Aktives Zuhören ist eine der stärksten Formen der Kontaktaufnahme. Es geht nicht nur darum, Worte zu hören, sondern auch Emotionen, Absichten und sogar das, was nicht gesagt wurde, aufzuspüren. Dadurch wird ein einfaches Gespräch zu einem bedeutungsvollen Moment.

Zuhören ist ein Geschenk. Wenn man wirklich zuhört, sagt man der anderen Person: "Du bist wichtig."

Die Bedeutung der nonverbalen Kommunikation

Wussten Sie, dass 93 Prozent unserer Kommunikation nonverbal sind? Laut dem Psychologen Albert Mehrabian haben der Tonfall und die Körpersprache viel mehr Gewicht als die Worte selbst. Das bedeutet, dass es weniger darauf ankommt, was Sie sagen, als darauf, *wie* Sie es sagen.

Die Elefanten zeigen uns das deutlich. Wenn ein Elefant in Gefahr ist, schreit er nicht, sondern benutzt stille Signale, um die Herde zu warnen. Ein erhobener Rüssel, das Schnipsen eines Ohrs, das Vibrieren des Bodens - all das vermittelt eine deutliche Botschaft.

In unserem Alltag senden und empfangen wir ständig nonverbale Botschaften, auch wenn wir uns dessen nicht bewusst sind. Das Lächeln, das beruhigt, der Blick, der tröstet, die Stille, die willkommen heißt. *Wahre Kommunikation findet oft im Raum zwischen den Worten statt.*

Techniken zur Verbesserung Ihres Zuhörens und Ihrer nonverbalen Kommunikation

Lassen Sie uns herausfinden, wie Sie Ihre Fähigkeit, zuzuhören und zu kommunizieren, verbessern können. Hier sind einige Übungen, mit denen Sie heute beginnen können:

1. Die Macht der Präsenz

Gegenwärtig zu sein ist der erste Schritt zum wirklichen Zuhören. Wenn Ihre Gedanken in der Vergangenheit oder der Zukunft sind, verlieren Sie die Verbindung zum Jetzt.

Praktische Übung: Wenn Sie das nächste Mal ein Gespräch führen, legen Sie Ihr Handy weg, nehmen Sie Blickkontakt auf und konzentrieren Sie sich ganz auf Ihr Gegenüber. Wenn Sie merken, dass Ihre Gedanken abschweifen, bringen Sie sie sanft in den gegenwärtigen Moment zurück.

2. Reflektiertes Zuhören

Wenn jemand spricht, zeigen Sie, dass Sie wirklich zuhören. Dies kann durch kleine Gesten wie Nicken oder kurze Wiederholungen des Gesagten geschehen, wie z. B.: "Sie waren also frustriert, ist das so?"

Praktische Übung: Üben Sie während eines Gesprächs, das Wesentliche des Gesagten zu wiederholen, bevor Sie darauf antworten. Das zeigt nicht nur Einfühlungsvermögen, sondern hilft Ihnen auch, die andere Person besser zu verstehen.

3. Achten Sie auf die Körpersprache

Wussten Sie, dass das Verschränken der Arme den Eindruck von Verschlossenheit erwecken kann, auch wenn das nicht Ihre Absicht ist? Wenn Sie auf Ihren Körper und den Ihres Gegenübers achten, kann das Ihre Kommunikation deutlich verbessern.

Praktische Übung: Nehmen Sie während des Gesprächs eine offene Haltung mit entspannten Armen ein und beobachten Sie die Gesten Ihres Gesprächspartners. Versuchen Sie zu erkennen, ob die Körpersprache der Person mit ihren Worten übereinstimmt.

4. Bewusste Stille

Wir haben oft das Bedürfnis, jede Pause mit Worten zu füllen. Aber auch die Stille ist eine wirkungsvolle Form der Kommunikation. Sie ermöglicht es der anderen Person, ihre Gedanken zu ordnen und sich gehört zu fühlen.

Praktische Übung: Versuchen Sie, 2 oder 3 Sekunden innezuhalten, bevor Sie jemandem antworten. Diese Pause schafft Raum für tieferes Nachdenken und zeigt, dass Sie über das Gesagte nachdenken.

Die transformative Wirkung des aktiven Zuhörens

Haben Sie jemals von Carl Rogers gehört, einem der einflussreichsten Psychologen des

20. Jahrhunderts? Er glaubte, dass echtes Zuhören *heilsam* sein kann. In seinen Sitzungen hörte er einfach mit Aufmerksamkeit und Einfühlungsvermögen zu, und das genügte den Menschen oft, um ihre eigenen Antworten zu finden.

Denken Sie an eine Situation in letzter Zeit, in der Sie das Gefühl hatten, dass man Ihnen wirklich zugehört hat. Was war das für eine Erfahrung? Wahrscheinlich haben Sie sich wertgeschätzt, verstanden und willkommen gefühlt. Wenn Sie einer anderen Person auf die gleiche Weise zuhören, schaffen Sie einen Raum des Vertrauens und der tiefen Verbindung.

Zuhören ist ein Akt der Liebe. Es bedeutet, ohne Worte zu sagen: "Es ist mir wichtig, wie du dich fühlst."

Aus dem Schweigen der Elefanten lernen

Elefanten lehren uns, dass wir nicht schreien müssen, um gehört zu werden. Stille ist, wenn sie mit Absicht ausgefüllt wird, eine kraftvolle Form der Verbindung. So wie sie auf die Schwingungen der Erde hören, können auch wir lernen, die subtileren Signale der Menschen um uns herum zu "hören".

Wenn Sie das nächste Mal in ein Gespräch verwickelt sind, denken Sie an die Elefanten. Erlauben Sie sich, die Schwingungen von Worten, Gefühlen und Stille zu spüren. Denn *Kommunikation besteht nicht nur aus Worten, sondern auch aus der Absicht, die dahinter steckt.*

Verlässliche Quellen zur Vertiefung des Themas:

1. Rogers, C. R. *Becoming a Person* - Überlegungen zur Bedeutung der Empathie.
2. Goleman, D. *Emotionale Intelligenz* - Wie man aktives Zuhören und zwischenmenschliche Beziehungen entwickelt.
3. Mehrabian, A. "Stille Botschaften" - Eine Studie über die Bedeutung der nonverbalen Kommunikation.

Jetzt sind Sie an der Reihe. Wählen Sie eine der Übungen aus und wenden Sie sie auf Ihre heutigen Interaktionen an. Denken Sie daran: Zuhören ist eine Fähigkeit, die nicht nur Ihre Beziehungen verändert, sondern auch die Art und Weise, wie Sie die Welt wahrnehmen. Und wie Elefanten können Sie auch in der Stille kraftvoll kommunizieren.

KAPITEL 4: DER STAMM IST WICHTIG: DIE MACHT DER GEMEINSCHAFT

"*Niemand gedeiht allein. Wir sind von Natur aus Geschöpfe, die in der Gemeinschaft leben, lernen und wachsen.*

Stellen Sie sich einen neugeborenen Elefanten vor, der auf wackeligen Beinen versucht, seine ersten Schritte zu machen. Um es herum versammelt sich die gesamte Herde in einem schützenden Kreis. Jedes Mitglied spielt eine Rolle, sei es, um Raubtiere abzuschrecken, dem Kalb zu helfen, das Gleichgewicht zu halten oder einfach nur, um die Umgebung im Auge zu behalten. Dieses Verhalten ist bei Elefanten nicht die Ausnahme, sondern die Regel.

Notwendigkeit.

Dynamics zum Aufbau eines Unterstützungsnetzwerks

Da wir nun wissen, wie wichtig Verbindungen sind, stellt sich die Frage: Wie können wir unsere sozialen Bindungen stärken? Hier sind einige einfache und wirkungsvolle Methoden, um eine starke und sinnvolle "Herde" zu kultivieren:

1. in eingehende Gespräche investieren

Wir leben in einer Welt, in der sich Gespräche oft auf "Wie geht's?" und "Mir geht's gut" beschränken. Um echte Beziehungen aufzubauen, müssen Sie über die Oberfläche hinausgehen. Stellen Sie Fragen, die echtes Interesse zeigen, und seien Sie bereit zuzuhören.

Praktische Übung: Wenn Sie das nächste Mal jemanden treffen, fragen Sie: "Was hat Sie in letzter Zeit begeistert?" oder "Was ist die größte Herausforderung, der Sie sich in letzter Zeit gestellt haben?" Diese Fragen eröffnen den Raum für sinnvolle Gespräche.

2. Rituale für die Verbindung schaffen

Elefanten treffen sich oft, um gemeinsam Wasser zu trinken oder zu ruhen. Diese täglichen "Rituale" stärken ihre Bindung. Auch wir Menschen brauchen solche Momente.

Praktische Übung: Vereinbaren Sie regelmäßige Treffen mit Freunden oder der Familie. Das kann ein wöchentlicher Kaffee sein, ein monatliches Abendessen oder sogar ein kurzer Videoanruf. Das Wichtigste ist die Beständigkeit.

3. Hilfe anbieten, ohne eine Gegenleistung zu erwarten

Wenn ein Mitglied der Herde in Gefahr ist, handeln Elefanten sofort und ohne zu zögern. Was wäre, wenn wir dasselbe täten? Das Anbieten von Hilfe stärkt die Bindungen und schafft ein Unterstützungsnetz, das auf natürliche Weise von gegenseitigem Nutzen ist.

Praktische Übung: Denken Sie an jemanden, der von Ihrer Hilfe profitieren könnte. Vielleicht ein Freund, der eine schwierige Zeit durchmacht, oder ein Arbeitskollege mit einem komplizierten Projekt. Bieten Sie Ihre Unterstützung aufrichtig und selbstlos an.

4. Empathie stärken

Elefanten erkennen und reagieren auf die Emotionen anderer. Wenn ein Kalb verängstigt ist, umarmen sie es mit ihrem Rüssel. Wenn wir in unseren Beziehungen Einfühlungsvermögen zeigen, schaffen wir ein einladendes und vertrauensvolles Umfeld.

Praktische Übung: Wenn Ihnen jemand etwas Schwieriges mitteilt, versuchen Sie, seine Gefühle zu bestätigen, bevor Sie ihm einen Rat geben. Sagen Sie etwas wie: "Ich kann mir nur vorstellen, wie schwierig das für Sie sein muss."

Die Bedeutung der Zugehörigkeit zu einer Gemeinschaft

Haben Sie sich jemals fehl am Platz gefühlt? Als ob Sie von den Menschen um Sie herum abgekoppelt wären? Dieses Gefühl kommt häufiger vor, als uns bewusst ist, aber die gute Nachricht ist, dass wir unsere Verbindungen immer wieder neu aufbauen können.

Das Wort "Gemeinschaft" stammt aus dem Lateinischen *communitas*, was so viel bedeutet wie "etwas gemeinsam teilen". Wenn wir uns für das Teilen öffnen, sei es eine Geschichte, eine Erfahrung oder ein einfaches Lächeln, schaffen wir Räume der Zugehörigkeit.

Denken Sie daran: *Es kommt nicht auf die Quantität der Beziehungen an, sondern auf ihre Qualität.* Ein kleiner Kreis von echten Menschen ist wertvoller als Dutzende von oberflächlichen Beziehungen.

Der richtige Stamm verwandelt dein Leben

Elefanten zeigen uns, dass wir gemeinsam alles überwinden können. Sie sind Raubtieren, Dürren und immensen Herausforderungen ausgesetzt, aber sie sind nie allein. Wenn Sie Ihren "Stamm" finden - die Gruppe von Menschen, die Sie bedingungslos unterstützen - wird Ihre Reise leichter.

Denken Sie darüber nach: Wer sind die Menschen, die zu Ihrer Herde gehören? Und wie können Sie eine positive Präsenz in ihrem Leben werden?

Jede Geste der Fürsorge, jedes Wort der Unterstützung ist wie ein Echo, das Sie mit denen verbindet, die Ihnen wichtig sind.

Dein Stamm ist zum Greifen nah

Wenn schon Elefanten mit ihrer instinktiven Weisheit den Wert der Fürsorge für ihre Gemeinschaft verstehen, wie viel mehr können wir Menschen lernen und in unseren Beziehungen wachsen? Wahre Stärke liegt in dem Wissen, dass man nicht allein ist.

Wenn Sie sich das nächste Mal überfordert fühlen, denken Sie daran: *In der Einigkeit liegt die Kraft.* Finden Sie Ihren Stamm, stärken Sie die bereits bestehenden Bindungen und haben Sie den Mut, neue Verbindungen zu schaffen.

Verlässliche Quellen zur Vertiefung des Themas:

1. Waldinger, R. "Was macht ein gutes Leben aus? Lessons from the Longest Study on Happiness" (TED Talk).
2. Goleman, D. *Soziale Intelligenz* - Überlegungen zur Bedeutung

menschlicher Beziehungen.
3. Patel, N. "The Science of Community" - Eine Studie über die Auswirkungen sozialer Netzwerke auf die psychische Gesundheit.

Jetzt liegt es an Ihnen: Wählen Sie eine der Übungen in diesem Kapitel und setzen Sie sie in die Praxis um. Fangen Sie klein an, aber fangen Sie an. Dein Stamm ist wichtig, und du bist es auch.

KAPITEL 5: DER LANGSAME WEG: DER WERT DER GEDULD

"In der Eile, das Ziel zu erreichen, vergessen wir oft, die Reise zu genießen. Aber gerade in der Langsamkeit finden wir Klarheit, Sinn und Frieden."

Stellen Sie sich vor, ein Elefant durchquert die afrikanische Savanne. Er rennt nicht, er hetzt nicht. Jeder Schritt ist gleichmäßig, gemessen. Er weiß, dass es nicht auf Geschwindigkeit, sondern auf Beständigkeit ankommt, wenn er sein Ziel erreichen will. *In der Langsamkeit liegt Weisheit: Sie vermeidet Fehler, spart Energie und hält uns mit dem gegenwärtigen Moment verbunden.*

Wir leben in einer Welt, die die Eile verherrlicht. Knappe Fristen? Rennt! Sofortige Ergebnisse? Noch mehr rennen! Aber macht uns diese ganze Hektik glücklicher, erfüllter? Oder trennt sie uns nur von dem, was wirklich wichtig ist? In diesem Kapitel erkunden wir, wie der Rhythmus der Elefanten uns lehren kann, langsamer zu werden, bewusste Entscheidungen zu treffen und den gegenwärtigen Moment zu schätzen.

Die Weisheit des Elefantenrhythmus

Elefanten sind nicht nur für ihre Stärke und Intelligenz bekannt, sondern auch für ihre Geduld. Auf der Suche nach Nahrung und Wasser legen sie weite Strecken zurück und bewegen sich langsam, aber entschlossen. Im Gegensatz zu vielen anderen Tieren sind sie nicht impulsiv. Wenn zum Beispiel ein Elefantenkalb geboren wird, stürzt sich die Herde nicht sofort auf das Kleine, um es zum Laufen zu bringen. Sie warten, umgeben es vorsichtig und passen ihr Tempo an, damit es mithalten kann.

Eine faszinierende Kuriosität bei Elefanten ist ihre Fähigkeit, sich Wasser- und Nahrungswege einzuprägen, selbst in Wüstenlandschaften, wo alles gleich aussieht. *Dieses beeindruckende Gedächtnis entsteht nicht durch Eile, sondern durch sorgfältige Beobachtung und Lernen im Laufe der Zeit.* Sie wissen, wie wichtig jeder Schritt ist, und diese Weisheit können auch wir in unser Leben übernehmen.

Was verlieren wir in unserer Eile?

Halten Sie einen Moment inne und denken Sie nach: *Wie oft haben Sie schon überstürzte Entscheidungen getroffen, nur um im Nachhinein festzustellen, dass*

Sie hätten abwarten sollen? Vielleicht haben Sie ein Stellenangebot angenommen, weil Sie Angst hatten, die Chance zu verlieren, oder Sie haben impulsiv auf eine Situation reagiert und es dann bereut.

Eile ist oft ein Ausdruck von Angst. Angst, zurückzufallen, etwas zu verlieren oder nicht genug zu sein. Die Wahrheit ist jedoch, dass *wir die Klarheit verlieren, wenn wir uns beeilen*. Wir verlieren die Chance, die Nuancen zu sehen, unsere Optionen zu bewerten und - was am wichtigsten ist - die Gegenwart zu genießen.

Warum ist Geduld eine Macht?

Geduld hat nichts mit Resignation oder Untätigkeit zu tun. Im Gegenteil, sie ist eine aktive Fähigkeit, zu beobachten, zu bewerten und zum richtigen Zeitpunkt zu handeln. Es ist wie beim Pflanzen eines Samens: Man kann einen Baum nicht zum Wachsen zwingen, aber man kann ihn täglich pflegen, ihn gießen und die nötige Zeit abwarten, bis die Früchte erscheinen.

Psychologische Studien zeigen, dass geduldige Menschen in der Regel klügere Entscheidungen treffen und weniger Stress empfinden. In einer von der Universität Rochester durchgeführten Studie fanden Forscher heraus, dass *Geduld mit einem höheren Maß an Wohlbefinden, Glück und langfristigem Erfolg verbunden ist*.

Metaphern und Überlegungen zur Geduld

Denken Sie an ein Puzzlespiel. Wenn Sie versuchen, die Teile mit Gewalt schnell zusammenzufügen, passen sie nicht und Sie sind frustriert. Wenn Sie aber in Ruhe beobachten und jedes Teil drehen, passt es schließlich richtig.

Genauso ist unser Leben wie ein Puzzle. *Jedes Teil passt zum richtigen Zeitpunkt zusammen, solange wir die Geduld haben, bewusst zu beobachten und zu handeln.*

Elefanten wissen, dass es keinen Sinn hat, zu rennen, um schneller zu einem See zu gelangen. Wenn sie Energie verschwenden, haben sie vielleicht nicht mehr die Kraft für den Rest der Reise. Auch wir müssen lernen, unsere emotionale Energie zu schonen, indem wir keine Eile haben und gleichmäßige, bewusste Schritte bevorzugen.

Strategien zur Entschleunigung und bewussten Entscheidungsfindung

Nachdem wir nun den Wert der Geduld verstanden haben, wollen wir erkunden, wie wir sie in unserem Leben praktisch anwenden können.

1. Bewusstes Innehalten üben

Wir fühlen uns oft unter Druck gesetzt, sofort auf ein Problem zu reagieren oder schnelle Entscheidungen zu treffen. Aber *eine kurze Pause kann genau das Richtige sein, um Fehler zu vermeiden und klar zu handeln.*

Praktische Übung: Wenn Sie vor einer wichtigen Entscheidung stehen, atmen Sie tief durch und fragen Sie sich: "Muss ich das jetzt entscheiden? Habe ich alle Informationen, die ich brauche?" Wenn möglich, geben Sie sich 24 Stunden Bedenkzeit, bevor Sie handeln.

2. Finden Sie den richtigen Rhythmus für sich

Die Lösung besteht nicht immer darin, "ganz aufzuhören". Das Geheimnis liegt darin, sein ideales Tempo zu finden, so wie Elefanten ihre Geschwindigkeit an die Bedingungen um sie herum anpassen.

Praktische Übung: Machen Sie eine Liste Ihrer täglichen Aktivitäten und fragen Sie sich selbst: "Stecke ich zu viel Energie in etwas, das warten kann?" Passen Sie Ihr Tempo an, um ein Gleichgewicht zwischen Produktivität und Ruhe herzustellen.

3. Achtsamkeit im täglichen Leben

Um Geduld zu kultivieren, ist es wichtig, präsent zu sein. *Wenn wir uns des gegenwärtigen Moments bewusst sind, lassen wir die Angst vor der Zukunft los und lernen, das Jetzt zu schätzen.*

Praktische Übung: Wählen Sie eine alltägliche

Tätigkeit, z. B. einen Kaffee trinken oder das Geschirr abwaschen, und üben Sie, sie langsam auszuführen. Beobachten Sie die Aromen, Texturen und Empfindungen, ohne sich zu beeilen.

4. Visualisieren Sie das Endergebnis

Elefanten machen lange Reisen, ohne ihr Ziel aus den Augen zu verlieren: Wasser oder Nahrung zu finden. Sie vertrauen darauf, dass sie rechtzeitig ankommen werden. Ebenso *hilft ihnen die Konzentration auf das Endergebnis, mit der Ungeduld auf dem Weg umzugehen.*

Praktische Übung: Wann immer Sie sich ungeduldig fühlen, schließen Sie für einen Moment die Augen und stellen Sie sich vor, was Sie erreichen wollen. Stellen Sie sich die Schritte vor, die nötig sind, um dorthin zu gelangen, und denken Sie daran, dass jeder Schritt wichtig ist.

Nachdenken: Der Wert einer optimalen Nutzung der Straße

Während ich diese Worte schreibe, stelle ich mir vor, dass Sie über Ihre eigene Reise nachdenken. Vielleicht stehen Sie vor Herausforderungen, die dringend zu sein scheinen, aber *was wäre, wenn Sie langsamer werden, dem Prozess vertrauen und bewusster handeln könnten?*

Geduld bedeutet nicht, weniger zu akzeptieren oder

sich mit Mittelmäßigkeit zufrieden zu geben. Es bedeutet, *den Weg genauso zu schätzen wie das Ziel.* Genau wie die Elefanten, die durch die Savanne marschieren, können Sie Ihre Ziele ohne Eile, aber mit stetigen, zielgerichteten Schritten erreichen.

Die Weisheit der langsamen Schritte

Letztendlich ist Geduld ein Geschenk, das wir uns selbst machen. Wenn wir langsamer werden, gewinnen wir Perspektive, Klarheit und Frieden. Und wenn wir aufhören zu rennen, merken wir merkwürdigerweise, dass wir genau da sind, wo wir sein sollten.

Denken Sie daran: *So wie Elefanten mit Geduld und Entschlossenheit Wüsten durchqueren, können auch Sie Ihre Herausforderungen Schritt für Schritt meistern.*

Verlässliche Quellen zur Vertiefung des Themas:

1. McCullough, M. E., Emmons, R. A., & Tsang, J. (2002). *Die dankbare Disposition: Eine konzeptionelle und empirische Topographie* - Überlegungen zu Geduld und Wohlbefinden.

2. Kabat-Zinn, J. *Wo immer du hingehst, dort bist du* - Achtsamkeitspraktiken zur Entschleunigung.

3. Goleman, D. *Fokus: The Hidden Driver of Excellence* - Einsichten über Fokus und Geduld.

Jetzt liegt es an Ihnen: Wählen Sie eine der Strategien aus und setzen Sie sie heute in die Praxis um. Denken Sie daran: *Egal, wie lang der Weg ist, wichtig ist, dass Sie anfangen.*

KAPITEL 6: WIDERSTANDSFÄHIGKEIT IM UNGLÜCK: STÜRME ÜBERWINDEN

"Wahre Stärke liegt nicht darin, Stürmen auszuweichen, sondern darin, sich ihnen zu stellen und aus ihnen zu lernen."

Stellen Sie sich vor, Sie befinden sich mitten in der Savanne, mitten in einem heftigen Sturm. Blitze zucken über den Himmel, der Wind schüttelt riesige Bäume und Regen überschwemmt das Land. Nun stellen Sie sich einen Elefanten in diesem Szenario vor. Er rennt nicht weg, er bricht nicht zusammen. Er bleibt stehen, hält dem Aufprall stand, passt sich den Bedingungen an und setzt seinen Weg fort, wenn der Sturm vorbei ist. *Das ist die Essenz der Resilienz.*

Wir Menschen sind mit verschiedenen Stürmen konfrontiert. Das können Verluste, Enttäuschungen, unerwartete Veränderungen oder Herausforderungen sein, die unüberwindbar scheinen. Aber wie Elefanten *haben wir die Fähigkeit, zu widerstehen, uns anzupassen und weiterzumachen.*

Elefanten und ihre Widerstandsfähigkeit gegen Widrigkeiten

Elefanten leben in einigen der schwierigsten Umgebungen der Welt. Von sengenden Wüsten bis zu dichten Wäldern sind sie mit Trockenheit, Raubtieren, Nahrungsmangel und drastischen Klimaveränderungen konfrontiert. Doch sie überleben und gedeihen dank ihrer beeindruckenden Anpassungsfähigkeit.

Ein faszinierendes Beispiel ist das Verhalten von Elefanten in Zeiten extremer Trockenheit. Sie nutzen das Gedächtnis ihrer Vorfahren, um versteckte Wasserquellen zu finden, selbst in Gebieten, in denen es seit Jahren nicht mehr geregnet hat. Wissenschaftler haben herausgefunden, dass die Matriarchen - die Anführer der Herde - bei diesem Prozess eine Schlüsselrolle spielen, indem sie die Gruppe auf der Grundlage früherer Erfahrungen leiten.

Eine lustige Tatsache: Studien zeigen, dass Elefanten

in der Lage sind, Vibrationen im Boden, die durch Donner verursacht werden, aus kilometerweiter Entfernung wahrzunehmen. Dies hilft ihnen, Stürme vorherzusagen und strategische Entscheidungen darüber zu treffen, wo sie Schutz suchen.

Diese Fähigkeit lehrt uns, dass *es bei der Resilienz nicht nur darum geht, Schwierigkeiten zu ertragen, sondern zu lernen, unsere Erfahrungen, Intuition und Ressourcen zu nutzen, um sie zu überwinden.*

Was ist Resilienz?

Bei der Resilienz geht es nicht darum, Probleme zu vermeiden oder so zu tun, als gäbe es sie nicht. Es geht darum, *Schwierigkeiten zu erkennen, sich ihnen bewusst zu stellen und gestärkt aus ihnen hervorzugehen.*

Stellen Sie sich einen Baum an einem windigen Tag vor. Er wehrt sich nicht gegen den Wind, sondern biegt sich, so dass die Bewegung durch ihn hindurchgehen kann, ohne ihn zu brechen. Diese Flexibilität ist der Schlüssel zur Widerstandsfähigkeit.

Wenn wir mit Widrigkeiten konfrontiert werden, können wir wählen, ob wir uns starr wehren - und Gefahr laufen, daran zu zerbrechen - oder ob wir flexibel sind, uns an die Umstände anpassen und an ihnen wachsen.

Metaphern und Reflexionen: Der Elefant und der Mensch

Elefanten sind wie "lebende Bücher" der Widerstandsfähigkeit. Jede Falte auf ihrer Haut erzählt eine Geschichte der Überwindung: Stürme überstanden, Wüsten durchquert, Jungtiere gegen alle Widrigkeiten beschützt. Genauso *ist jede emotionale Narbe, die wir tragen, ein Beweis für unsere Stärke und unsere Fähigkeit, zu widerstehen.*

Denken Sie an einen Glasbecher und einen Gummiball. Beide können auf den Boden fallen, aber das Ergebnis ist unterschiedlich. Das Glas zerbricht, der Ball prallt ab. *Der Unterschied liegt nicht in der Wucht des Aufpralls, sondern in der Fähigkeit, sich zu erholen.* Resilienz bedeutet, wie der Gummiball zu sein: den Aufprall zu absorbieren und in seine ursprüngliche Form zurückzukehren, oder sogar noch besser.

Strategien zur Entwicklung emotionaler Widerstandsfähigkeit

Nachdem wir nun die Bedeutung der Resilienz verstanden haben, ist es an der Zeit zu erkunden, wie wir sie in unserem Leben stärken können. So wie Elefanten Strategien entwickeln, um zu überleben, können auch wir Fähigkeiten kultivieren, um mit Widrigkeiten umzugehen.

1. Akzeptiere den Sturm

Der erste Schritt zur Überwindung einer Herausforderung besteht darin, sie zu akzeptieren. Wir verwenden oft Energie darauf, das zu bekämpfen, was wir nicht ändern können, obwohl *Akzeptanz der erste Schritt zur Lösungsfindung ist.*

Praktische Übung: Wenn Sie das nächste Mal vor einer schwierigen Situation stehen, halten Sie einen Moment inne und atmen Sie tief durch. Sagen Sie zu sich selbst: "Ich akzeptiere, was jetzt passiert. Ich werde einen Weg finden, es zu bewältigen." Diese einfache Übung der Akzeptanz reduziert den inneren Widerstand und schafft Raum für Klarheit.

2. Stärken Sie Ihr Unterstützungsnetzwerk

Elefanten überleben als Gruppe. Sie schützen sich gegenseitig, vor allem die Schwächsten. In Krisenzeiten brauchen auch wir die Stärke der Gemeinschaft. *Niemand meistert große Herausforderungen allein.*

Praktische Übung: Nennen Sie drei Personen in Ihrem Leben, auf die Sie in schwierigen Zeiten zählen können. Das kann ein Freund, ein Familienmitglied oder ein Mentor sein. Zögern Sie nicht, um Hilfe zu bitten oder einfach über Ihre Gefühle zu sprechen.

3. Erinnern Sie sich an Ihre vergangenen Siege

Elefanten verlassen sich auf die Erinnerung an vergangene Erfahrungen, um Schwierigkeiten in der

Gegenwart zu überwinden. Wir können dasselbe tun, indem wir uns an Momente erinnern, in denen wir Herausforderungen gemeistert haben, und uns an unsere Stärke erinnern.

Praktische Übung: Erstellen Sie eine Liste mit drei schwierigen Situationen, denen Sie in der Vergangenheit begegnet sind. Schreiben Sie auf, wie Sie sie gemeistert haben, welche Fähigkeiten Sie eingesetzt haben und was Sie gelernt haben. Wann immer Sie sich entmutigt fühlen, lesen Sie diese Liste erneut, um sich an Ihre Fähigkeit zu erinnern, sie zu überwinden.

4. Stärke in der Gegenwart finden

Wir konzentrieren uns oft so sehr auf die Zukunft oder die Vergangenheit, dass wir vergessen, die Ressourcen zu nutzen, die uns im Jetzt zur Verfügung stehen. *Resilienz wird im gegenwärtigen Moment aufgebaut.*

Praktische Übung: Nehmen Sie sich fünf Minuten Zeit, um Achtsamkeit zu üben. Setzen Sie sich bequem hin, schließen Sie die Augen und konzentrieren Sie sich auf Ihren Atem. Jedes Mal, wenn Ihre Gedanken abschweifen, bringen Sie sie zurück in den gegenwärtigen Moment. Das hilft, Ängste abzubauen und erhöht Ihre geistige Klarheit.

5. Schmerz in Wachstum verwandeln

Wenn Elefanten mit dem Verlust eines Herdenmitglieds konfrontiert werden, durchlaufen sie einen Prozess der Trauer, aber sie gehen weiter vorwärts. *Sie tragen die Erinnerung an das Verlorene in sich, aber sie lassen sich davon nicht lähmen.*

Praktische Übung: Denken Sie an eine aktuelle Herausforderung, die Sie tief getroffen hat. Fragen Sie sich: "Was habe ich daraus gelernt? Wie kann ich diese Erfahrung nutzen, um zu wachsen?" Schreiben Sie Ihre Antworten auf und suchen Sie nach Möglichkeiten, das Gelernte in Ihrem Leben anzuwenden.

Nachdenken: Die Schönheit der Überwindung

Das Leben wird immer seine Stürme haben. Aber es ist wichtig, sich daran zu erinnern, dass *jede Herausforderung eine Gelegenheit ist, mehr über uns selbst zu lernen und unsere innere Stärke zu entwickeln.*

Wie Elefanten, die auf der Suche nach Wasser die Wüste durchqueren, haben auch wir die Kraft, die trockensten Zeiten zu überstehen und selbst unter den schwierigsten Bedingungen Hoffnung zu finden.

Stärker werden im Unglück

Resilienz bedeutet nicht, dass man unbesiegbar ist, sondern dass *man flexibel und selbstbewusst genug ist, um mit Widrigkeiten umzugehen.*

In schwierigen Zeiten sollten wir uns an die Elefanten erinnern. Sie gehen Stürmen nicht aus dem Weg, aber sie begegnen jedem Sturm mit Weisheit, Stärke und Einigkeit. Auch Sie können das Gleiche tun.

Zuverlässige Quellen zur Vertiefung des Themas:

1. Reivich, K., & Shatté, A. *The Resilience Factor: 7 Keys to Finding Your Inner Strength.*
2. Southwick, S. M., & Charney, D. S. *Resilience: The Science of Mastering Life's Greatest Challenges.*
3. Brown, B. *Rising Strong: How the Ability to Reset Transforms the Way We Live, Love, Parent, and Lead.*

Jetzt ist es an der Zeit zu handeln. Wählen Sie eine der vorgestellten Strategien und setzen Sie sie noch heute um. *Denken Sie daran: Jeder noch so kleine Schritt stärkt Ihre Widerstandsfähigkeit und bringt Sie der Überwindung näher.*

KAPITEL 7: VERBUNDENHEIT MIT DER ERDE: LEBEN IN HARMONIE MIT DER UMWELT

"Die Natur verlangt von uns keine Perfektion, sondern eine Partnerschaft. Wenn wir lernen, mit ihr zu gehen, entdecken wir, dass unsere Harmonie mit der Umwelt auch ein Weg zum inneren Frieden ist."

Denken Sie einen Moment darüber nach, welche Auswirkungen ein Elefant hat, der durch die Savanne läuft. Sein Gewicht hinterlässt Spuren auf dem Boden und öffnet kleine Pfade, in denen sich Regenwasser sammelt und Pfützen bildet, die andere Tiere ernähren. Ihre Fußabdrücke sind viel mehr als nur Abdrücke; sie sind ein *Akt der*

Verbindung mit dem Ökosystem. Unbeabsichtigt, aber auf wesentliche Weise, verändern sie die Umwelt um sich herum.

Fragen Sie sich jetzt: *"Wie wirkt sich mein Handeln auf die Umwelt um mich herum aus?"* Sie durchqueren vielleicht nicht die Savanne, aber jede Entscheidung, die Sie treffen - von dem, was Sie konsumieren, bis hin zu der Frage, wie Sie es entsorgen - hinterlässt Spuren auf unserem Planeten. Die gute Nachricht ist, dass *wir von den Elefanten lernen können, harmonischer zu leben und die Welt, in der wir leben, positiv zu beeinflussen.*

Die Beziehung der Elefanten zur Natur: Eine Lektion in Sachen Nachhaltigkeit

Elefanten sind als die "Gärtner des Waldes" bekannt. Ihr tägliches Handeln spielt eine wesentliche Rolle für das Gleichgewicht des Ökosystems. Indem sie sich von Bäumen und Pflanzen ernähren, tragen sie beispielsweise dazu bei, das Überwuchern der Vegetation zu kontrollieren, so dass die Sonne den Boden erreicht und das Wachstum neuer Pflanzen fördert. Außerdem verbreiten sie mit ihrem Kot Samen über Kilometer hinweg und tragen so zur Regeneration ganzer Wälder bei.

Wissenswertes: Ein einziger Elefant kann an einem einzigen Tag etwa 100 Samenarten ausstreuen. Das bedeutet, dass sie buchstäblich für die Anpflanzung von Wäldern verantwortlich sind, die Nahrung und

Schutz für unzählige andere Arten garantieren.

Diese Giganten lehren uns, dass *ein Leben in Harmonie mit der Umwelt nicht nur bedeutet, nichts zu zerstören", sondern aktiv am Kreislauf des Lebens" um uns herum teilzunehmen.*

Das menschliche Ungleichgewicht mit der Erde

Während Elefanten im Einklang mit der Natur arbeiten, sehen wir Menschen uns oft als ihre "Besitzer". Wir beuten aus, verbrauchen und entsorgen in einem Tempo, mit dem der Planet nicht mithalten kann.

Die Auswirkungen dieser Abkopplung sind jedoch bereits sichtbar. Klimawandel, Verlust der biologischen Vielfalt und Umweltverschmutzung sind nur einige der Anzeichen dafür, dass wir unsere Rolle in der Welt dringend überdenken müssen.

Aber hier ist die gute Nachricht: *So wie Elefanten die Kraft haben, Wälder zu regenerieren, haben wir die Kraft, unseren Planeten zu regenerieren.* Jede Entscheidung zählt. Und genau über diese Entscheidungen werden wir jetzt sprechen.

Praktische Schritte für ein Leben in Harmonie mit der Umwelt

Es ist Zeit zu handeln. Wenn wir von den Elefanten lernen und uns wieder mit der Erde verbinden wollen, müssen wir nachhaltige Gewohnheiten in unser tägliches Leben einbauen.

1. Reduzieren und wiederverwenden

So wie Elefanten alles, was die Natur zu bieten hat, effizient nutzen, können auch wir einen bewussteren Konsum an den Tag legen. Betrachten Sie jeden Gegenstand, der in Ihr Haus kommt, als einen "Fußabdruck" auf unserem Planeten.

Praktische Übung: Bevor Sie etwas Neues kaufen, fragen Sie sich selbst:

- Brauche ich das wirklich?
- Kann ich etwas wiederverwenden, das ich bereits habe?
- Gibt es eine nachhaltigere Version?

Kleine Veränderungen, wie das Mitführen einer wiederverwendbaren Flasche anstelle von Einwegplastik, können einen großen Unterschied machen.

2. Übernehmen Sie den natürlichen Nahrungskreislauf

Elefanten ernähren sich von dem, was die Umwelt zu bieten hat. Wir können dasselbe tun, indem wir saisonale und lokale Lebensmittel bevorzugen. *Dies verringert nicht nur unsere Umweltbelastung, sondern bringt uns auch wieder mit dem Rhythmus der Natur in Verbindung.*

Praktische Übung:

- Besuchen Sie lokale Märkte und bevorzugen

Sie frische Lebensmittel.
- Vermeiden Sie Lebensmittel, die über lange Strecken transportiert wurden.
- Versuchen Sie, zu Hause einen kleinen Gemüsegarten anzulegen, und sei es nur mit Kräutern wie Basilikum oder Rosmarin.

3. Sei ein Wächter des Wassers

Elefanten wissen um den Wert von Wasser. In Zeiten der Dürre teilen sie die Tümpel mit anderen Tieren und zeigen damit, dass *Wasser eine Ressource für alle ist, nicht nur für einige wenige.*

Praktische Übung:

- Reduzieren Sie den Wasserverbrauch zu Hause, indem Sie beim Zähneputzen oder Geschirrspülen den Wasserhahn zudrehen.
- Wiederverwendung von Regenwasser zur Bewässerung von Pflanzen oder zum Waschen von Böden.
- Prüfen Sie die Wasserhähne auf Undichtigkeiten und reparieren Sie diese sofort.

4. Wieder mit der Natur in Verbindung treten

Elefanten verbringen ihr Leben im Freien, inmitten der Geräusche, Gerüche und Rhythmen der Natur. Wie steht es mit uns? Wie oft erlauben wir uns, einfach in der Gegenwart der Erde zu sein, ohne

Ablenkungen?

Praktische Übung:

- Nehmen Sie sich jeden Tag 15 Minuten Zeit, um in einem Park oder Garten spazieren zu gehen, ohne Ihr Mobiltelefon. Beobachten Sie einfach Ihre Umgebung und hören Sie ihr zu.
- Ziehen Sie Ihre Schuhe aus und betreten Sie das Gras oder den Sand. *Den Boden unter den Füßen zu spüren, ist eine kraftvolle Art, sich wieder mit dem Planeten zu verbinden.*

5. Pflanzen Sie Ihren eigenen grünen Fußabdruck

So wie Elefanten überall Samen verbreiten, können auch wir unseren Beitrag zur Wiederaufforstung und zum Schutz der Umwelt leisten.

Praktische Übung:

- Pflanzen Sie einen Baum in Ihrer Gemeinde.
- Nehmen Sie an Säuberungsaktionen an Stränden, in Parks oder Flüssen teil.
- Unterstützen Sie Organisationen, die sich für den Erhalt der Umwelt einsetzen.

Nachdenken: Die Umwelt fängt in uns selbst an

Ein Leben im Einklang mit der Umwelt ist nicht nur eine Frage des äußeren Handelns, sondern auch eine Frage der inneren Einstellung. *Wenn wir die Art und Weise ändern, wie wir den Planeten sehen - nicht als eine Ressource, die ausgebeutet werden muss, sondern als ein gemeinsames Zuhause -, beginnen unsere Entscheidungen dieses neue Bewusstsein widerzuspiegeln.*

Elefanten versuchen nicht, "die Welt zu retten". Sie leben einfach auf eine ganzheitliche Art und Weise und wissen, dass ihre Handlungen Auswirkungen auf alles um sie herum haben. Von dieser Einfachheit können wir eine Menge lernen.

Ein neuer Weg mit der Erde

Der Planet sendet uns Signale. Stärkere Stürme, verschmutzte Ozeane, zerstörte Wälder. Aber gleichzeitig zeigt er uns auch den Weg zurück zur Harmonie.

So wie Elefanten unwissentlich Wälder pflanzen, *können* auch *unsere kleinen Handlungen eine große Wirkung haben.* Jede Entscheidung, die wir treffen - von dem, was wir kaufen, bis zu dem, was wir wegwerfen - ist eine Gelegenheit, zu einer ausgewogeneren Welt beizutragen.

Jetzt sind Sie an der Reihe. Wählen Sie eine der oben genannten Praktiken und setzen Sie sie heute um. *Der Planet braucht Sie nicht, um alles zu tun, aber er braucht Sie, um etwas zu tun.*

Verlässliche Quellen zur Vertiefung des Themas:

1. Goodall, J. *Die lebenden Wälder: Die Rolle der Wildtiere in unseren Ökosystemen.*
2. Leopold, A. *A Sand County Almanac.*
3. Carson, R. *Stummer Frühling.*

CALEB S. SAGE

Denken Sie daran: *Sie sind ein Teil dieses Planeten und haben die Macht, ihn positiv zu beeinflussen.* Wenn wir uns um die Erde kümmern, kümmert sie sich um uns. Und gemeinsam können wir uns auf eine Zukunft zubewegen, in der Menschen, Elefanten und alle anderen Lebensformen im Gleichgewicht leben.

KAPITEL 8: DAS VERMÄCHTNIS DER WEISHEIT: WAS WIR DER ZUKUNFT HINTERLASSEN

"Wir sind nicht nur Besucher in dieser Welt, wir sind Brückenbauer zwischen der Vergangenheit und der Zukunft. Jede Entscheidung, jedes Wort und jede Handlung ist ein Ziegelstein auf dem Weg, den wir denen hinterlassen, die noch kommen werden.

Stellen Sie sich eine Elefantenherde vor, die über weite Ebenen zieht. Die Anführerin der Gruppe, in der Regel eine ältere Frau, ist nicht nur die physische Führerin, sondern auch die Hüterin der Erinnerungen. Sie weiß, wo es in Zeiten der Dürre Wasser gibt, welche Routen wegen

Gefahren zu meiden sind und wo sich die besten Nahrungsquellen befinden. Dieses im Laufe der Jahre angesammelte Wissen ist nicht für sie selbst, sondern für die Gruppe und künftige Generationen bestimmt.

Fragen Sie sich jetzt: *Welches Vermächtnis bauen Sie auf?* Teilen Sie Ihre Weisheit, Ihre Erfahrungen und Ihre Ziele mit den Menschen um Sie herum? Hinterlassen Sie Spuren, an die man sich mit Zuneigung und Dankbarkeit erinnern wird?

Die gute Nachricht ist, dass *Sie die Macht haben, ein bewusstes Vermächtnis aufzubauen, und zwar ab heute.*

Die Rolle der Elefanten als Bewahrer von Erinnerungen

Elefanten haben ein beeindruckendes Gedächtnis. Studien zeigen, dass sie sich an Strecken erinnern können, die sie vor Jahrzehnten zurückgelegt haben, und dass sie andere Elefanten selbst nach Jahren der Trennung wiedererkennen (McComb et al., 2000). Diese Fähigkeit ist nicht nur faszinierend, sondern auch entscheidend für das Überleben der Herde.

Wissenswertes: 1993, während einer schweren Dürre im Tarangire-Nationalpark in Tansania, überlebten nur die von älteren Elefanten geführten Herden. Sie wussten, wo die versteckten Wasserquellen waren, während die von jüngeren Tieren geführten Herden umkamen.

Dieses Beispiel lehrt uns, dass *die im Laufe der Zeit gesammelte Erfahrung Leben retten und die Zukunft verändern kann.* So wie Elefanten ihr Wissen von Generation zu Generation weitergeben, können auch wir unsere Weisheit nutzen, um diejenigen zu inspirieren und zu unterstützen, die nach uns kommen.

Was bedeutet es, ein Vermächtnis aufzubauen?

Ein Vermächtnis zu hinterlassen, bedeutet nicht nur, materielle Güter oder großartige Leistungen zu hinterlassen. Es bedeutet, das Leben auf sinnvolle Weise zu beeinflussen und ein Stück von sich selbst in den Herzen der Menschen zu hinterlassen.

Denken Sie an jemanden, der Ihr Leben geprägt hat. Vielleicht war es ein Lehrer, ein Mentor oder sogar ein Freund, der Ihnen im richtigen Moment einen Rat gegeben hat. *Diese Menschen haben ein Vermächtnis für Sie hinterlassen, auch wenn Sie sich dessen nicht bewusst sind.*

Ein Vermächtnis zu hinterlassen, bedeutet, bewusst zu handeln. Es geht darum, sich jeden Tag dafür zu entscheiden, dass man als jemand in Erinnerung bleiben möchte, der geholfen, inspiriert und geteilt hat.

"Was du für dich selbst tust, stirbt mit dir; was du für andere tust, bleibt und ist unsterblich." - Albert Pike.

Praktische Schritte, um Ihr Vermächtnis der Weisheit aufzubauen

Nachdem Sie nun verstanden haben, wie wichtig es ist, ein Vermächtnis zu hinterlassen, lassen Sie uns dies in die Tat umsetzen. Hier sind einige einfache und erschwingliche Strategien, um etwas Bleibendes zu schaffen:

1. Ihr Ziel identifizieren

Alles beginnt mit Klarheit. Bevor Sie darüber nachdenken, etwas für die Zukunft aufzugeben, fragen Sie sich: *"Was ist mir wirklich wichtig?"*

Praktische Übung:

- Nehmen Sie sich 10 Minuten Zeit und schreiben Sie die Antworten auf die folgenden Fragen auf:
    - Welche Werte leiten mein Leben?
    - Wie möchte ich in der Erinnerung der Menschen bleiben?
    - Welche Art von Einfluss möchte ich auf die Welt haben?

Wenn Sie darauf reagieren, werden Sie erkennen, dass Ihr Vermächtnis direkt mit Ihrer Bestimmung verbunden ist.

2. Teilen Sie Ihre Erfahrungen

So wie Elefanten lebenswichtiges Wissen für das

Überleben der Herde weitergeben, können auch Sie das, was Sie im Laufe Ihres Lebens gelernt haben, weitergeben.

Praktische Metapher: Stellen Sie sich Ihr Leben wie ein Buch vor. Aus jedem Kapitel, das voller Fehler, Erfolge, Errungenschaften und Herausforderungen steckt, können Sie etwas lernen. Behalten Sie diese Lektionen nicht für sich.

Praktische Übung:

- Wählen Sie eine Ihnen nahe stehende Person (ein Kind, einen Freund, einen Kollegen) und erzählen Sie ihr eine Geschichte über etwas, das Sie gelernt haben und das ihnen helfen könnte.

Dieser einfache Akt des Teilens hat eine tiefgreifende Wirkung.

3. Engagieren Sie sich in Ihrer Gemeinde

Elefanten leben in Herden, weil sie wissen, dass sie gemeinsam stärker sind. Auch wir Menschen sind soziale Wesen und haben die Macht, unsere Umgebung zu verändern.

Praktische Übung:

- Beteiligen Sie sich an Gemeinschaftsprojekten. Das kann Freiwilligenarbeit sein, ein Kurs, in dem Sie etwas unterrichten, das Sie beherrschen, oder sogar eine kleine Geste wie die Organisation einer Säuberungsaktion in der Nachbarschaft.

- Helfen Sie mit, ein Umfeld zu schaffen, in dem sich die Menschen wertgeschätzt und unterstützt fühlen.

Jede kleine Aktion innerhalb Ihrer Gemeinschaft ist ein Samen, der in der Zukunft keimen wird.

4. Bedeutungsvolle Beziehungen kultivieren

Eines der größten Vermächtnisse, das wir hinterlassen können, sind die Beziehungen, die wir aufbauen. Es geht nicht um Quantität, sondern um Qualität.

Praktische Übung:

- Wählen Sie jemanden, mit dem Sie schon lange nicht mehr gesprochen haben, und melden Sie sich noch heute. Fragen Sie, wie es der Person geht, hören Sie aufmerksam zu und zeigen Sie, dass Sie sich kümmern.
- Üben Sie sich im *aktiven Zuhören* - in einem Gespräch präsent zu sein, ist ein Geschenk, das nur wenige Menschen machen.

5. Halten Sie Ihre Geschichten und Weisheiten fest

So wie Elefanten ihr Wissen mündlich weitergeben, können Sie Ihre Erfahrungen und Ideen aufzeichnen. So entsteht eine Fundgrube für künftige Generationen.

Praktische Übung:

- Führen Sie ein Tagebuch, in dem Sie Ihre wichtigsten Lektionen festhalten.

- Nehmen Sie Videos oder Audios mit Geschichten auf, an die sich Ihre Familie oder Freunde in Zukunft erinnern sollen.

Diese kleinen Taten können zu einem unbezahlbaren Geschenk für diejenigen werden, die nach Ihnen kommen.

Überlegungen: Das Vermächtnis beginnt in der Gegenwart

Eine der wichtigsten Lektionen, die wir von den Elefanten gelernt haben, *ist, dass wir ein Vermächtnis nicht erst am Ende unseres Lebens schaffen, sondern täglich.*

Jede kleine Entscheidung - von einem Wort der Unterstützung bis hin zu einer Entscheidung, integer zu handeln - bildet das Fundament für das, was wir hinterlassen werden. Das Geheimnis ist, mit Absicht zu leben.

Ein Vermächtnis der Liebe und der Wirkung

Elefanten lehren uns, dass die wahre Stärke in der gemeinsamen Weisheit liegt. Sie leben nicht nur für sich selbst, sondern auch für ihre Herden und für das Gleichgewicht der Umwelt um sie herum. Und was ist mit uns? Wir können dasselbe tun.

Beginnen Sie heute. Finden Sie heraus, was Ihr Ziel ist, teilen Sie Ihre Lektionen und verbinden Sie sich mit den Menschen um Sie herum. *Ihr Vermächtnis ist bereits im Entstehen, auch wenn Sie sich dessen nicht bewusst sind.*

Denken Sie daran: *Es geht nicht um die Großartigkeit dessen, was Sie tun, sondern um das Herz, das Sie in jede Geste stecken.*

Verlässliche Quellen:

1. McComb, K., Moss, C., Durant, S. M., Baker, L., & Sayialel, S. (2000). *Elefantengedächtnis und soziale Struktur.* Proceedings of the Royal Society B.
2. Goodall, J. *Im Schatten des Menschen.*
3. Foer, J. *Die Kunst der Erinnerung: Die Erinnerung an die Vergangenheit für künftige Generationen.*

Sie haben die Macht, Erinnerungen und Weisheit zu bewahren. Was Sie für die Zukunft hinterlassen, beginnt mit dem, was Sie heute tun.

SCHLUSSFOLGERUNG: WANDERN MIT ELEFANTEN

"Elefanten wandern nicht nur über die Erde, sie hinterlassen tiefe Spuren, die die Umwelt um sie herum verändern. Mögen wir von ihrer Weisheit lernen und auch bewusst gehen und Spuren des Gleichgewichts, der Stärke und des Mitgefühls hinterlassen."

Auf dem Weg dorthin erkunden wir, wie diese majestätischen Riesen der Natur uns wertvolle Lektionen über Stärke, Geduld, Widerstandsfähigkeit, Verbundenheit und Vermächtnis erteilen. Jeder Schritt eines Elefanten ist langsam, aber sicher und mit Absicht und Bedeutung aufgeladen. *Was wäre, wenn wir auch so leben würden?*

Wir leben in einer Welt, in der die Eile verherrlicht wird, der Wettbewerb gefördert wird und echte Verbindungen im Lärm untergehen. Elefanten erinnern uns daran, dass es eine andere Art zu leben gibt: mit Tiefe, mit Präsenz und mit Sorgfalt.

Die Weisheit der Elefanten in den Alltag einbeziehen

1. **Stärke und Einfühlungsvermögen im Gleichgewicht**
   So wie Elefanten ihre körperliche Stärke mit einer sanften Natur verbinden, können wir in unserem Leben ein Gleichgewicht finden. *Sei fest in deinen Überzeugungen, aber sanft in deinen Worten.* Wahre Stärke liegt darin, sein Wesen zu bewahren, auch angesichts von Herausforderungen.

2. **Aktives Zuhören und Verbindung**
   Elefanten kommunizieren durch subtile Schwingungen und Gesten, was zeigt, dass man nicht immer sprechen muss, um eine Verbindung herzustellen. *Nehmen Sie sich einen Moment Zeit, um den Menschen um Sie herum wirklich zuzuhören.* Zuhören ist ein Akt der Liebe, der Beziehungen stärkt und dauerhafte Bindungen schafft.

3. **Geduld auf dem Weg**
   Das langsame Tempo der Elefanten lehrt uns, dass es keinen Grund zur Eile gibt. *Die besten Entscheidungen werden in Ruhe und Klarheit getroffen.* Machen Sie sich selbst das Geschenk, langsamer zu werden und dem Prozess zu vertrauen.

4. **Widerstandsfähigkeit in Stürmen**
   So wie Elefanten Dürreperioden und

Widrigkeiten mit Einigkeit und Stärke begegnen, können auch Sie Ihre Herausforderungen meistern. *Glauben Sie daran, dass jede Schwierigkeit eine Chance ist, zu wachsen und stärker zu werden.*

5. **Verbundenheit mit dem Planeten und seinen Nachbarn**
Elefanten leben im Einklang mit der Erde und kümmern sich nicht nur um ihre Herde, sondern auch um das Ökosystem um sie herum. *Auch Sie können mit kleinen täglichen Handlungen, die Nachhaltigkeit und Empathie fördern, etwas bewirken.*

6. **Ein Vermächtnis der Weisheit hinterlassen**
Das Vermächtnis der Elefanten liegt in den Erinnerungen, die sie mit sich tragen, und in den Leben, die sie schützen. *Was wird Ihr Vermächtnis sein?* Beginnen Sie heute mit kleinen Gesten der Freundlichkeit, gemeinsamen Lehren und Handlungen, die inspirieren.

Ein Aufruf zum Handeln

Mit Elefanten zu gehen bedeutet, mit Absicht zu leben. Es bedeutet, die innere Stärke zu umarmen, Empathie zu pflegen und jeden Schritt des Weges wertzuschätzen. Sie müssen nicht perfekt sein oder alle Antworten haben. *Sie müssen nur jeden Tag entscheiden, dass Ihre Reise von Ausgeglichenheit,*

Stärke und Mitgefühl geprägt sein wird.

Stellen Sie sich vor, dass Sie Teil einer Herde sind. Jede Person, die Ihren Weg kreuzt, ist Teil eines großen emotionalen und sozialen Ökosystems. Ihre Handlungen sind wichtig. Ihre Worte sind wichtig. *Sie sind wichtig.*

Hier also eine letzte Aufforderung: *Gehen Sie mit den Elefanten.* Überstürzen Sie Ihren Weg nicht, sondern gehen Sie zielstrebig voran. Ignorieren Sie nicht Ihre Stärke, sondern gleichen Sie sie mit Freundlichkeit aus. Isolieren Sie sich nicht, sondern verbinden Sie sich. Die Welt braucht mehr Menschen, die wissen, wie man mit Achtsamkeit geht, genau wie diese Giganten der Erde.

Denken Sie daran: *Ihr Leben ist Ihre Botschaft. Machen Sie daraus eine Botschaft, die inspiriert.*

Mögen Sie, wie die Elefanten, tiefe und transformative Spuren hinterlassen, wo immer Sie hingehen.

www.ingramcontent.com/pod-product-compliance
Lightning Source LLC
Chambersburg PA
CBHW051534240526
45471CB00020B/2669